AF288583

Joseph
HAYDN

Missa brevis Sancti Joannis de Deo in B
Kleine Orgelsolomesse / Little Organ Mass
Hob. XXII:7

Soprano solo, Coro (SATB)
2 Violini, Bassi (Violoncello / Contrabbasso) ed Organo solo

herausgegeben von / edited by
Willi Schulze

Joseph Haydn · Lateinische Messen
Urtext

Klavierauszug / Vocal score
Paul Horn

Carus 40.600/03

Inhalt

Zu diesem Werk liegt folgendes Aufführungsmaterial vor:
Partitur (Carus 40.600), Studienpartitur (Carus 40.600/07),
Klavierauszug (Carus 40.600/03), Klavierauszug XL Großdruck (Carus 40.600/04),
Chorpartitur (Carus 40.600/05), komplettes Orchestermaterial (Carus 40.600/19),
Bearbeitung für Singstimmen und Orgel (Carus 40.600/45).

The following performance material is available:
full score (Carus 40.600), study score (Carus 40.600/07),
vocal score (Carus 40.600/03), vocal score XL in large print (Carus 40.600/04),
choral score (Carus 40.600/05), complete orchestral material (Carus 40.600/19),
arrangement for voices and organ (Carus 40.600/45).

Zu diesem Werk ist CarUS music, die Chor-App, erhältlich. Sie enthält die Noten, eine Einspielung des Werkes und einen Coach zum Üben der eigenen Chorstimme. www.carus-music.com

For this work CarUS music, the choir app, is available. In addition to the score and a recording, the app offers a coach to learn the choral parts. www.carus-music.com

Vorwort

Während die sechs späten Hochämter als Krönung von Haydns kirchenmusikalischem Werk gelten,[1] wurden die frühen Messen unterschiedlich bewertet. Man rügte Unebenheiten in der Stimmführung[2] und Schwächen in der musikalisch-textlichen Gestaltung[3]. Von den acht in den Jahren 1750 bis 1782 geschriebenen Messen entsprechen fünf dem Typ der *Missa brevis*. Sie sind betont kurz und drängen selbst die umfangreichen Gloria- und Credo-Texte durch gleichzeitige Deklamation verschiedener Textzeilen stark zusammen. Breiter in der Anlage und reicher in der Besetzung sind hingegen die Missae solemnes: die *Große Orgelsolomesse*, die *Cäcilienmesse* und die *Mariazeller Messe*. In diesen Werken folgt Haydn der Tradition der großen Messe, formal mit deutlichen Gliederungen innerhalb der einzelnen Sätze, stilistisch in der Verwendung reich ausgestatteter solistischer Partien in Verbindung mit ausgedehnten kontrapunktischen Teilen, die jeweils in den Gloria- und Credo-Schlußfugen ihren Höhepunkt erreichen.

Mit den beiden letzten Missae breves, der *Missa Sancti Nicolai* und der *Missa Sancti Joannis de Deo*, hat Haydn auch in dieser Gattung Meisterwerke geschaffen, die bereits zu seinen Lebzeiten zu den beliebtesten zählten – das zeigen ihre zahlreichen Abschriften.[4] Besonders die *Missa Sancti Joannis de Deo* erlangte als sogenannte „Kleine Orgelsolomesse" unter Haydns frühen Messen die weiteste Verbreitung. Der Name verweist auf den portugiesischen Mönch Johannes Ciudad (1495–1550) – Johannes von Gott nannte ihn der Bischof von Tuy – aus dessen Krankenfürsorge die Ordensgemeinschaft der „Barmherzigen Brüder" hervorging. Der Konvent besitzt in Eisenstadt eine kleine Barockkirche, in enger Nachbarschaft zur Bergkirche gelegen, der Aufführungsstätte von Haydns späten Messen. Haydn selbst hatte in seiner Jugend in der Wiener Niederlassung des Ordens die Violine gespielt. Mit den Eisenstädter Barmherzigen Brüdern war er nahe befreundet.[5] Die Orgel, damals ein Positiv mit fünf Registern, von der aus Haydn vermutlich die Uraufführung leitete, ist heute noch vorhanden.[6]

Aus den räumlichen Gegebenheiten, die der liturgischen und musikalischen Entfaltung Grenzen setzten, erklärt sich die Gestalt der Messe, die sich einzig im Benedictus für Solosopran und konzertierende Orgel breiter entfaltet, während die übrigen Sätze in vierstimmigem, meist homophonem Chorsatz gehalten sind. Auch in den Teilen des Gloria und Credo, in denen die Textierung eine polyphone Stimmführung nahelegt, geht der Satz über eine „aufgelockerte Homophonie"[7] nicht hinaus. Die Polytextierung, die Haydn schon in seiner ersten Messe im Gloria und Credo angewandt hatte, findet sich auch bei seinen Zeitgenossen.[8] Hinter dieser „Raffungstechnik" steht das Bestreben, die liturgische Handlung am Altar nicht aufzuhalten, sondern zwischen dem Stillgebet des Liturgen und dem musikalischen Vortrag des Chores einen parallelen Ablauf anzustreben. Trotz der ungewöhnlichen Kürze des Gloria (31 Takte) wird der Text doch differenziert gestaltet. So bildet die „Agnus Dei"-Zeile melodisch und rhythmisch einen deutlichen Kontrast zu dem bewegteren Vortrag des „Gratias". Im Credo werden nur die ersten Glaubenssätze gleichzeitig in den verschiedenen Chorstimmen vorgetragen. Vom „Incarnatus" an erhält jeder Gedanke seinen eigenen musikalischen Ausdruck: andachtsvoll der vierstimmige Beginn des *Adagio*, von eindringlicher Wirkung das einstimmige chromatische Absinken im „Crucifixus" mit dem Ausdruck des Schmerzes in den übermäßigen und verminderten Akkorden des „Passus". Erst mit dem „Resurrexit", das thematisch an das Gloria anknüpft, greift Haydn auf das Prinzip der Polytextierung zurück. Hierbei kam der hymnische Ton der letzten Credo-Teile seinem Streben nach einem einheitlichen musikalischen Ausdruck entgegen. Als Höhepunkt des Werkes wird vielfach das Benedictus angesehen.[9] In der ausgedehnten Arie für Sopran und konzertierende Orgel unter Begleitung des Streichtrios ist die sanglich-virtuose Thematik gleichmäßig zwischen Sopran und Orgel verteilt.

Unter den Abschriften der Messe fallen die vielen Ergänzungen mit Bläserstimmen auf. Auch Joseph Haydns Bruder Michael schrieb 1795 für das von ihm erweiterte Gloria zwei Trompetenstimmen. Alle Abschriften, denen zusätzlich Bläserstimmen beigegeben sind, stammen aus der Zeit nach dem Tode Josephs II., 1790, als die Bestimmungen für einen „vereinfachten Gottesdienst" wieder gelockert wurden. Mit der erneuten Anerkennung der Instrumentalmesse durch Kaiser Franz (1792) entfielen auch die Vorschriften des 1754 veröffentlichten Hofescripts", wonach „Pauken und Trompeten […] eingestellet" werden sollten.[10] Die während der Regierungszeit Kaiser Franz' († 1838) angefertigten Abschriften machen reichlich Gebrauch von der neuen Freiheit, indem sie außer Trompeten und Hörnern auch alle verfügbaren Holzbläser heranziehen.

Die erste Veröffentlichung der *Missa brevis Sancti Joannis de Deo* erfolgte durch Vincent Novello als Orgelpartitur in dessen Sammlung *Haydn's Masses*, 1823–1825. Erst hundert Jahre später wurde das Werk durch F. Habel als Klavierauszug mit Stimmen der kirchenmusikalischen Praxis zugänglich gemacht, wobei Gloria und Credo durch Teilwiederholungen und Einschübe den „liturgischen Anforderungen in Bezug auf Verständlichkeit und Vollständigkeit des Textes" angepaßt wurden. Erst durch die 1958 von H. C. Robbins Landon nach Haydns Autograph veröffentlichte Partitur wurde die originale Gestalt dieses kleinen Meisterwerkes bekannt.

Für weitere Informationen siehe das Vorwort zur Partitur (Carus 40.600).

Stuttgart, den 18. Mai 1979 — Willi Schulze

1 J. P. Larsen/H. C. Robbins Landon im Artikel „Haydn", in: *Die Musik in Geschichte und Gegenwart*, Band 5, Kassel 1956, Sp. 1908.
2 I. Becker-Glauch, „Die Kirchenmusik des jungen Haydn", in: *Kongreßbericht Graz 1970*, Graz/Austria 1972, S. 77.
3 K. Geiringer, *Joseph Haydn*, Mainz 1959, S. 300f.
4 A. van Hoboken, *Thematisch-bibliographisches Werkverzeichnis*, Bd. II, Mainz 1971, S. 80ff.
5 F. Habel im Vorwort der Bearbeitung der „Kleinen Orgelsolomesse", Augsburg 1958.
6 A. Schnerich, „Zur Geschichte der frühen Messen Haydns", in: *Zeitschrift der Internationalen Musikgesellschaft* 1912/13, S. 14. Die Disposition der Orgel zur Zeit Haydns lautete: Copl. 8', Prinz. 4', Flöte 4', Octav 2', Quint. Die heute vorhandenen Pedalregister Subbaß 16' und Gedecktbaß 8' wurden später eingebaut. (Mitteilung des Konvents der Barmherzigen Brüder, wofür dem H. H. Prior herzlich gedankt sei.)
7 Becker-Glauch, a.a.O., S. 74ff.
8 H. Unverricht, „Die orchesterbegleitete Kirchenmusik von den Neapolitanern bis Schubert", in: K. G. Fellerer, *Geschichte der Katholischen Kirchenmusik*, Band II, Kassel 1976, S. 164.
9 C. M. Brand, *Die Messen von Joseph Haydn*, Würzburg 1941, S. 138.
10 K. G. Fellerer, „Joseph Haydns Messen", in: *Bericht über die internationale Konferenz zum Andenken Joseph Haydns*, Budapest 1961, S. 47.

Foreword

Whereas the last six high masses are considered the crowning works of all his church compositions,[1] Haydn's early masses have met with widely differing appraisals, some complaining of imbalances in the voice leading[2] while others claimed that there are weaknesses in the musical settings of the texts[3]. Five of the eight masses composed between 1750 and 1782 fall into the category of the *missa brevis*. They are extremely short and force even the extensive texts of the Gloria and Credo into a compact mold through the simultaneous declamation of certain text passages. The missae solemnes (the *Great Organ Solo Mass*, the *Missa St. Caecilia* and the *Missa Cellensis* or *Mariazeller Messe*), on the other hand, are broader in form and richer in the use of voices and instruments. In these works Haydn followed the traditional pattern for large-scale masses: formally with clear sectional divisions within the individual numbers; stylistically in the use of richly ornamented solo passages in connection with extended contrapuntal sections which in the respective concluding fugues of the Gloria and Credo reach their climax.

With the *Missa Sancti Nicolai* and the *Missa Sancti Joannis de Deo*, his last two "missae breves," Haydn also achieved masterworks in this category, and during his lifetime they numbered among his most popular works – as is shown by the numerous copies that have come down to us.[4] The *Missa Sancti Joannis de Deo* (also called the "Little Organ Solo Mass"), was the most widely known of all Haydn's early masses. The title refers to the Portuguese monk Juan Ciudad (1495–1550) – the Bishop of Tuy called him "John of God" – whose care of the poor and the sick led to the founding of the Order of the Brothers of Charity. The order's monastery in Eisenstadt has a small Baroque church situated near the Bergkirche in which Haydn's late masses were performed. Haydn himself had played violin at the order's seat in Vienna during his youth. And he was on very familiar terms with the Brothers of Charity in Eisenstadt.[5] The organ, which at that time had five sets of stops and from which Haydn probably conducted the first performance, is still in use.[6]

The lack of space in the church, which limited the liturgical and musical development, explains the form given to this mass. Only in the *Benedictus* do the solo soprano and concertante organ unfold in more broadly developed passages, the remainder of the mass being confined to four-part, usually homophonic choral writing. Even in the Gloria and the Credo, in which the text would suggest a polyphonic voice leading, the composition does not go beyond a slightly "relaxed homophony."[7] Settings of simultaneous texts like Haydn's in the Gloria and the Credo of his first mass are also to be found in the works of some of his contemporaries.[8] Behind this "tightening technique" is the attempt to avoid slowing down the liturgical celebration at the altar by providing parallel progression between the quiet prayer of the celebrant and the choir's music. Inspite of the unusual brevity of the Gloria (31 bars), the text setting still shows musical differentiation. The "Agnus Dei" line, for example, clearly provides melodic and rhythmic contrast of the more animated motion of the "Gratias." In the Credo only the first two phrases of the creed are simultaneously sung by different choir voices. Commencing with the "Incarnatus," the statement of each new idea is given its own musical expression: devotional for the four-part beginning of the *Adagio*, an effect of urgency in the unison chromatic descent

of the "Crucifixus," with the expression of grief in the augmented and diminished chords of the "Passus." Haydn does not return to the use of multiple texts until the "Resurrexit" that is thematically related to the Gloria, and the hymn-like tone of the closing Credo sections facilitates his striving for unified musical expression. Many consider the Benedictus the culminating point of the mass.[9] This expansive aria for soprano with organ and string trio distributes its virtuoso (yet cantabile) thematic material equally between the soprano and organ solo parts.

The copies of the mass are conspicuous for the many additions of wind parts. In 1795, Joseph Haydn's brother Michael wrote two trumpet parts for his expanded version of the Gloria. All of the manuscript copies containing additional wind parts were written after the death of Joseph II (in 1790), when the requirements for a „simplified service of worship" became somewhat relaxed once more. Emperor Francis' re-acknowledgement of instrumentally accompanied masses (in 1792) rescinded the standing orders that had been published in the "Hofrescript" (Court writings) in 1754 and had required the use of "ketteldrums and trumpets […] to be discontinued."[10] The copies of the score that were written during the reign of Emperor Francis (d. 1838) made abundant utilization of the new freedom by not only adding trumpets and horns but also all of the woodwind instruments then in use.

The *Missa brevis Sancti Joannis de Deo* was first published as an organ score by Vincent Novello in his collection of Haydn's masses (1823–1825). The work was not made available for regular church use until one hundred years later when F. Habel published a piano score with parts, in which the Gloria and Credo were adapted to "liturgical demands with respect to understandability and completeness of text." Thus it was not until H. C. Robbins Landon's 1958 publication of the score (based on Haydn's autograph manuscript) that this little gem became known in its original form.

For further information see the Foreword in the full score (Carus 40.600).

Stuttgart, 18 May 1979   Willi Schulze
Translation: E. D. Echols

[1] J. P. Larsen/H. C. Robbins Landon in the article "Haydn," in: *Die Musik in Geschichte und Gegenwart*, Vol. 5, Kassel, 1956, col. 1908.
[2] I. Becker-Glauch, "Die Kirchenmusik des jungen Haydn," in: *Kongreßbericht Graz 1970*, Graz/Austria, 1972, p. 77.
[3] K. Geiringer, *Joseph Haydn*, Mainz, 1959, p. 300f.
[4] A. van Hoboken, *Thematisch-bibliographisches Werkverzeichnis*, Vol. II, Mainz, 1971, p. 80ff.
[5] F. Habel in the Foreword to his arrangement of the "Kleine Orgelsolomesse," Augsburg, 1958.
[6] A. Schnerich, "Zur Geschichte der frühen Messen Haydns," in: *Zeitschrift der Internationalen Musikgesellschaft* 1912/13, p. 14. The disposition of the organ when Haydn played it was as follows: Copl. 8', Diapason 4', Flöte 4', Octav 2', Quint. Today, the Pedalregister Subbaß 16' and Gedecktbaß 8' were added later. (Information from the Bothers of Charity, with sincere thanks to H. H. Prior.)
[7] Becker-Glauch, loc. cit., p. 74ff.
[8] H. Unverricht, "Die orchesterbegleitete Kirchenmusik von den Neapolitanern bis Schubert," in: K. G. Fellerer, *Geschichte der Katholischen Kirchenmusik*, Vol. II, Kassel, 1976, p. 164.
[9] C. M. Brand, *Die Messen von Joseph Haydn*, Würzburg, 1941, p. 138.
[10] K. G. Fellerer, "Joseph Haydns Messen," in: *Bericht über die internationale Konferenz zum Andenken Joseph Haydns*, Budapest, 1961, p. 47.

Avant-propos

Alors que les six dernières grand-messes valurent la consécration de l'œuvre sacré de Haydn,[1] les premières messes furent considérées tout différemment. On leur reprochait des inégalités dans la conduite des voix[2] et des faiblesses dans la composition musiquetexte[3]. Parmi les huit messes écrites entre 1750 et 1782, cinq correspondent au type de la *Missa brevis*. Elles sont de dimensions restreintes et condensent même fortement les importants textes du Gloria et du Credo, en exposant simultanément différentes parties du texte. Au contraire, les *Missae solemnes :* la *Große Orgelsolomesse,* la *Cäcilienmesse* et la *Mariazeller Messe,* sont plus vastes dans leur conception et plus riches dans leur orchestration. Dans ces œuvres, Haydn suit la tradition de la grand-messe : pour la forme, par des enchaînements distincts à l'intérieur des différentes parties ; pour le style, par l'alternance de parties solistiques richement développées et de vastes passages contrapuntiques, qui atteignent leur point culminant à chaque fois dans les doxologies finales du Gloria et du Credo.

Avec les deux dernières messes brèves, la *Missa Sancti Nicolai* et la *Missa Sancti Joannis de Deo,* Haydn offre aussi à ce genre des chefs-d'œuvre : elles étaient déjà fort appréciées de son vivant, ainsi que l'attestent les nombreuses copies.[4] C'est particulièrement la *Missa Sancti Joannis de Deo* qui obtint, sous le nom de « Kleine Orgelsolomesse » (Petite Messe pour Orgue seul), la plus vaste propagation parmi les premières messes de Haydn. Son titre fait allusion au moine portugais Johannes Ciudad (1495–1550), nommé Jean de Dieu par l'évêque de Tuy ; prêtant assistance aux malades, il fonda la communauté religieuse des « Frères hospitaliers ». Le couvent possède à Eisenstadt une petite église baroque, dans le voisinage immédiat de la Bergkirche, où furent créées les dernières messes de Haydn. Haydn lui-même avait joué du violon, dans sa jeunesse, dans l'établissement viennois de l'ordre. Il s'était lié d'une vive amitié avec les frères hospitaliers.[5] L'orgue est encore conservé de nos jours ; à l'époque, c'était un positif de cinq registres, dont Haydn dirigea vraisemblablement l'inauguration.[6]

C'est par des données locales qui fixent des limites au développement liturgique et musical que s'explique la forme de la messe : elle ne prend de l'ampleur que dans le Benedictus pour soprano solo et orgue concertant, alors que les autres parties, pour chœur à quatre voix, sont traitées la plupart du temps en homophonie. Même dans les parties du Gloria et du Credo dans lesquelles la disposition du texte commanderait un traitement polyphonique des voix, la composition ne dépasse pas une « homophonie assouplie ».[7] La superposition de plusieurs textes, que Haydn avait déjà utilisée dans les Gloria et Credo de ses premières messes, se retrouve aussi chez ses contemporains.[8] Derrière cette « technique à l'emporte-pièce », il faut voir le soucis de ne pas interrompre le déroulement de la liturgie à l'autel, et au contraire d'aspirer à un parallélisme entre la méditation du liturgiste et la présentation musicale du chœur. Malgré la brièveté inhabituelle du Gloria (31 mesures), le texte est traité de façon différenciée. Ainsi le verset « Agnus Dei » contraste clairement par sa mélodie et son rythme avec la présentation plus animée du « Gratias ». Dans le Credo, seules les premières professions de foi sont présentées simultanément dans les différentes voix chorales. A partir de l'« Incarnatus », chaque idée est traitée avec son expression musicale propre : profonde ferveur pour le début à quatre voix de l'*Adagio* ; impression

pénétrante de la descente chromatique à une voix dans le « Crucifixus » ; expression de la douleur dans les accords démensurés et diminués du « Passus ». Ce n'est que dans le « Resurrexit », thématiquement apparenté au Gloria, que Haydn reprend le principe de la superposition des textes. A cet endroit, le ton hymnique de la dernière partie du Credo venait à la rencontre de son soucis d'une expression musicale unitaire. On a souvent considéré le Benedictus comme le point culminant de l'œuvre.[9] Dans le vaste air pour soprano solo et orgue concertant, avec accompagnement du trio à cordes, la thématique de chant virtuose est répartie également entre le soprano et l'orgue.

Dans les copies de la messe, on est surpris par les nombreuses adjonctions d'instruments à vent. Toutes les copies qui ajoutent des parties de vents datent de l'époque suivant la mort de Joseph II, en 1790, lorsque les prescriptions visant à un « service religieux simplifié » sont à nouveau relâchées. Avec la nouvelle reconnaissance de la messe instrumentale par l'empereur Franz (1792), les prescriptions du « Hofrescript » publié en 1754 qui interdirent l'utilisation des timbales et trompettes dans la messe furent annulées.[10] Les copies terminées pendant le règne de l'empereur Franz († 1838) font un ample usage de la liberté nouvelle, ne se contentant pas des trompettes et des cors, mais introduisant encore tous les bois disponibles.

La première publication de la *Missa brevis Sancti Joannis de Deo* fut réalisée comme partition d'orgue par Vincent Novello, pour sa collection des messes de Haydn, 1823–1825. Ce n'est que 100 ans plus tard que l'œuvre fut rendue accessible à la pratique musicale liturgique par F. Habel, dans une version pour piano et voix ; le Gloria et le Credo y furent adaptés, par des répétitions de parties et des intercalations, aux « exigences liturgiques en relation avec la compréhension et l'intégrité du texte ». Ainsi la forme originale de ce petit chef d'œuvre ne fut révélée qu'en 1958, par la publication de la partition par H. C. Robbins Landon, selon l'autographe de Haydn.

Pour plus d'information, on est renvoyé à l'avant-propos dans la partition d'orchestre (Carus 40.600).

Stuttgart, le 18 mai 1979   Willi Schulze
Traduction : François Brulhart

[1] J. P. Larsen/H. C. Robbins Landon dans l'article « Haydn », in : *Die Musik in Geschichte und Gegenwart*, vol. 5, Kassel, 1956, col. 1908.

[2] I. Becker-Glauch, « Die Kirchenmusik des jungen Haydn », in : *Kongreßbericht Graz 1970*, Graz/Austria, 1972, p. 77.

[3] K. Geiringer, *Joseph Haydn*, Mainz, 1959, p. 300 sq.

[4] A. van Hoboken, *Thematisch-bibliographisches Werkverzeichnis*, vol. II, Mainz, 1971, p. 80 sqq.

[5] F. Habel dans l'avant-propos à son arrangement du « Kleine Orgelsolomesse », Augsburg, 1958.

[6] A. Schnerich, « Zur Geschichte der frühen Messen Haydns », in : *Zeitschrift der Internationalen Musikgesellschaft* 1912/13, p. 14. La disposition de l'orgue au temps de Haydn était : Copl. 8', Prinz. 4', Flöte 4', Octav 2', Quint. Les jeux de pédalier aujourd'hui existants Subbaß 16' et Gedecktbaß 8' furent installés plus tard. (Information du couvent des Frères miséricordieux pour laquelle nous remercions vivement le Révérend Prieur.)

[7] Becker-Glauch, loc. cit., p. 74 sqq.

[8] H. Unverricht, « Die orchesterbegleitete Kirchenmusik von den Neapolitanern bis Schubert », in : K. G. Fellerer, *Geschichte der Katholischen Kirchenmusik*, vol II, Kassel, 1976, p. 164.

[9] C. M. Brand, *Die Messen von Joseph Haydn*, Würzburg, 1941, p. 138.

[10] K. G. Fellerer, « Joseph Haydns Messen », in : *Bericht über die internationale Konferenz zum Andenken Joseph Haydns*, Budapest, 1961, p. 47.

Missa brevis Sancti Joannis de Deo in B

Kleine Orgelsolomesse / *Little Organ Mass*
Hob. XXII:7

Kyrie

Joseph Haydn
1732–1809
Klavierauszug: Paul Horn (1922–2016)

Aufführungsdauer / Duration: ca. 15 min.

© 1990 by Carus-Verlag, Stuttgart – 14. Auflage / 14th Printing 2019 – CV 40.600/03

Urtext
edited by
Willi Schulze

Gloria

Credo

Sanctus

Allegro

[Musical score: Sanctus movement for four voices (SATB) and keyboard/organ accompaniment]

Lyrics (soprano): San-ctus, San-ctus Do-mi-nus, San-ctus Do-mi-nus De-us Sa — — — ba-oth.

Lyrics (alto): San-ctus, San-ctus Do-mi-nus De-us, De-us Sa-ba-oth, San-ctus Do-mi-nus De — us Sa-ba-oth, De-us_Sa-ba-oth.

Lyrics (tenor): San-ctus, San-ctus Do-mi-nus De-us Sa — ba-oth, San-ctus Do-mi-nus, San-ctus Do-mi-nus De-us Sa-ba-oth, De-us Sa — ba-oth.

Lyrics (bass): San-ctus, San-ctus Do-mi-nus De-us Sa-ba-oth, San — ctus, San-ctus Do-mi-nus De-us Sa-ba-oth, De — us Sa — ba-oth.

Allegro

(measure 11)

Ple-ni sunt coe-li et ter-ra, ple-ni sunt coe-li et ter-ra glo-ri-a tu-a,

Ple-ni sunt coe-li et ter-ra, ple-ni sunt coe-li et ter-ra glo-ri a tu-a,

Ple-ni sunt coe-li et ter-ra, ple-ni sunt coe-li et ter-ra glo-ri-a tu-a,

Ple-ni sunt coe-li et ter-ra, ple-ni sunt coe-li et ter-ra glo-ri-a tu-a,

Carus 40.600/03

Benedictus

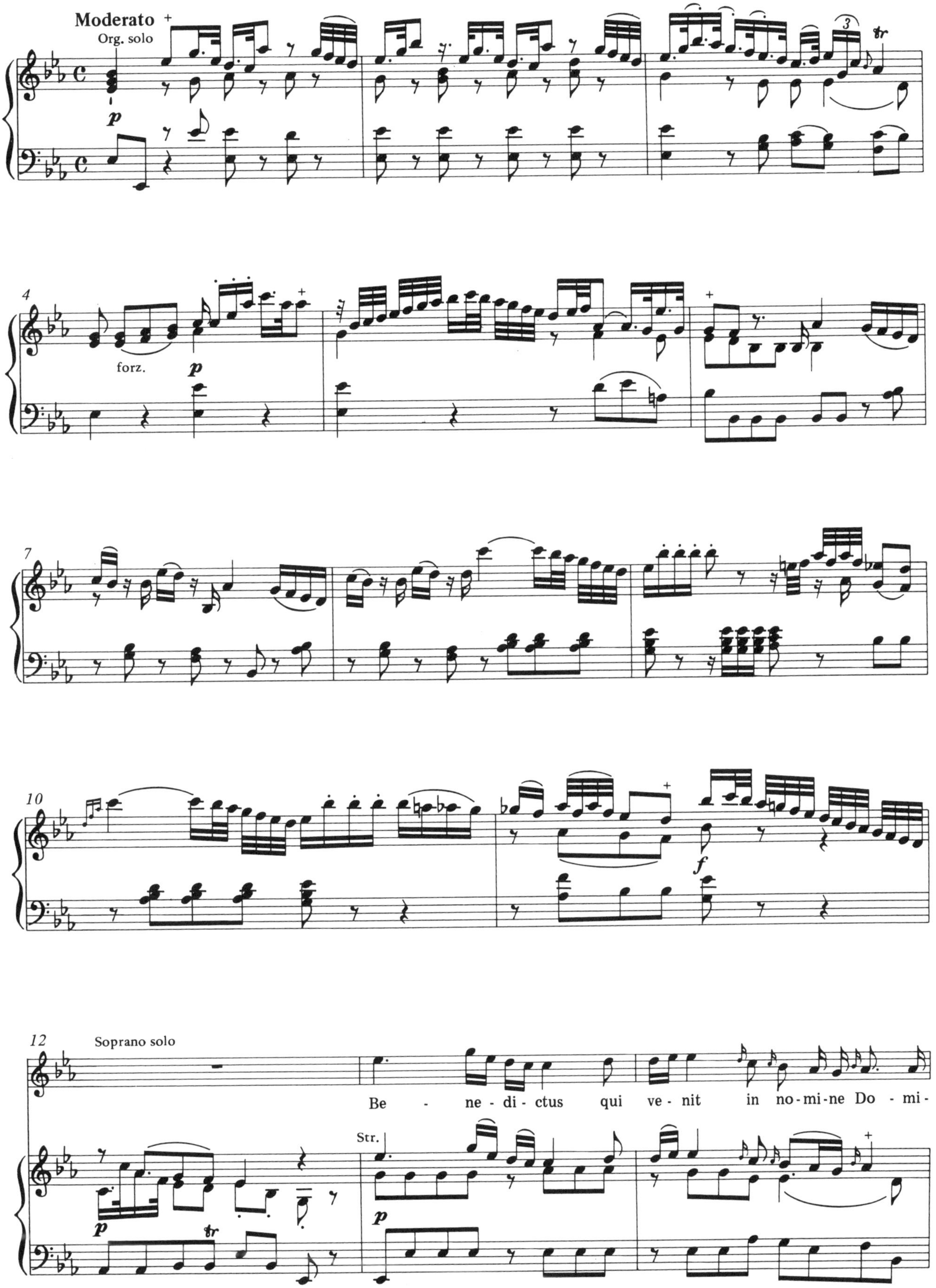
Moderato
Org. solo
forz.
Soprano solo
Be - ne - di - ctus qui ve - nit in no - mi - ne Do - mi -
Str.

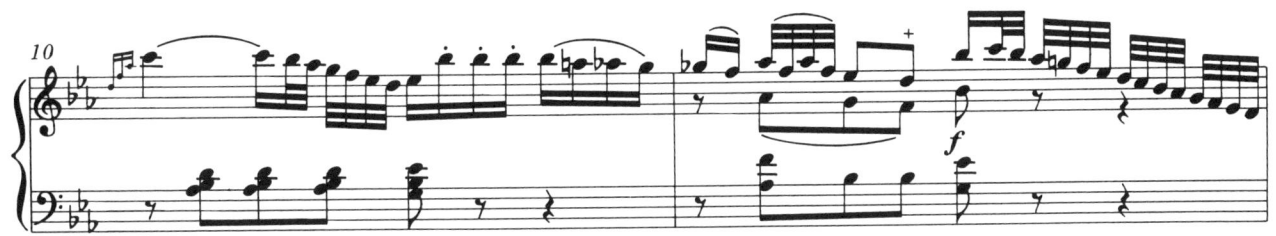

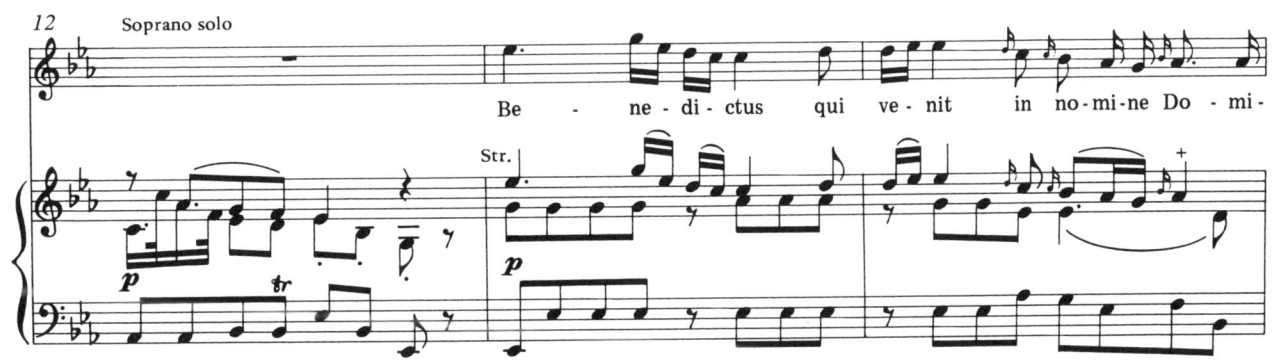

Agnus Dei

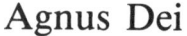

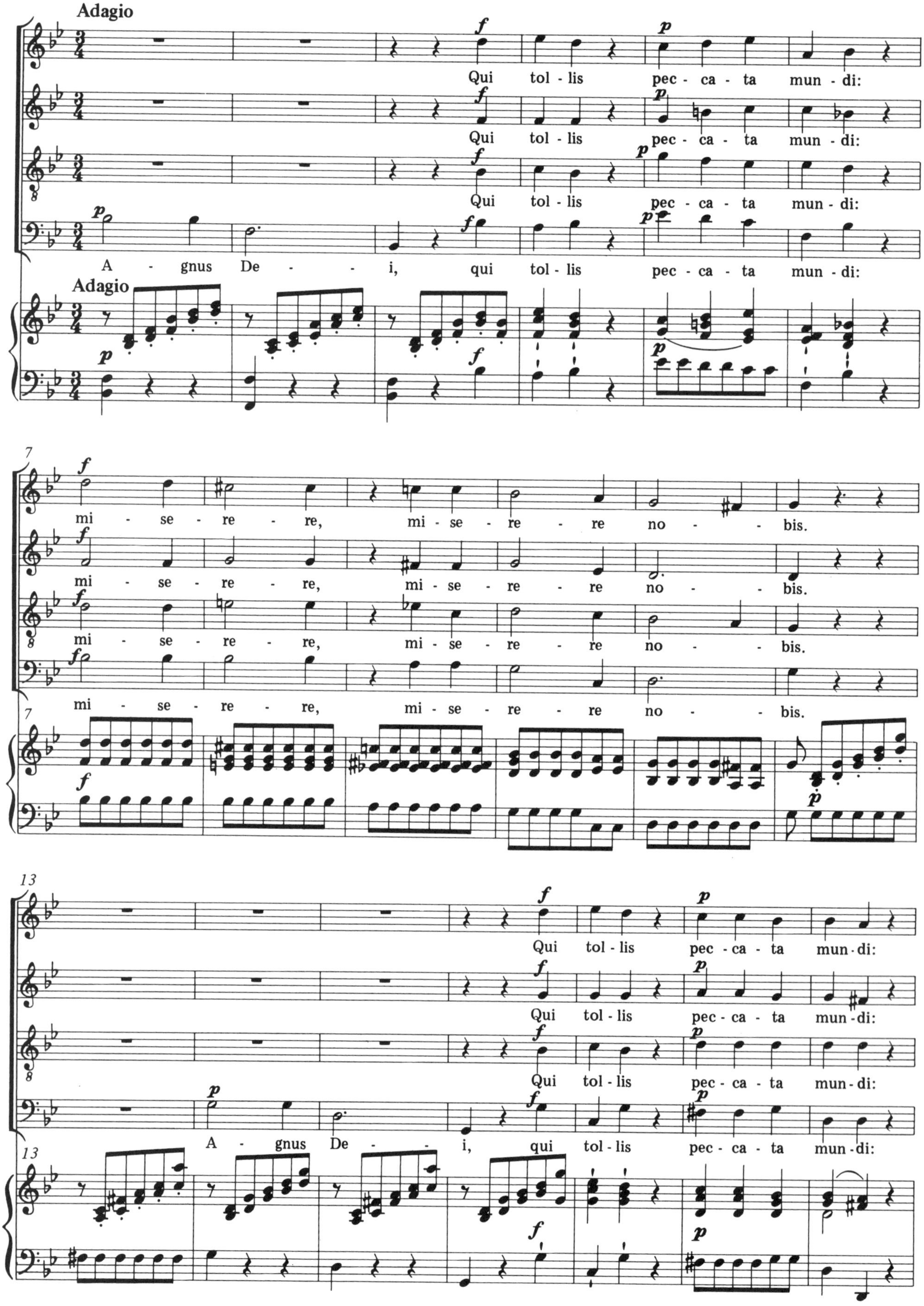
Adagio
Qui tol - lis pec - ca - ta mun - di:
Qui tol - lis pec - ca - ta mun - di:
Qui tol - lis pec - ca - ta mun - di:
A - gnus De - - i, qui tol - lis pec - ca - ta mun - di:
Adagio
mi - se - re - re, mi - se - re - re no - - bis.
mi - se - re - re, mi - se - re - re no - - bis.
mi - se - re - re, mi - se - re - re no - - bis.
mi - se - re - re, mi - se - re - re no - - bis.
Qui tol - lis pec - ca - ta mun - di:
Qui tol - lis pec - ca - ta mun - di:
Qui tol - lis pec - ca - ta mun - di:
A - gnus De - - i, qui tol - lis pec - ca - ta mun - di:

Chormusik erleben
Jederzeit. Überall.

- Eine App mit den bedeutendsten Chorwerken des 17. bis 20. Jahrhunderts
- Carus-Klavierauszüge, synchronisiert mit hervorragenden Einspielungen bekannter Interpreten
- Coach zum Erlernen der eigenen Chorstimme
- Schnelle und schwierige Passagen können im Slow-Modus geübt werden
- Navigieren und Blättern wie im gedruckten Klavierauszug
- Für Tablet und Smartphone (Android und iOS)

Experience Choral Music
Anytime. Anywhere.

- An app with the top choral works from the 17th to the 20th century
- Carus vocal scores, synchronized with first class recordings by top performers
- Acoustic coach helps you learn your own choral part
- Fast and difficult passages can also be practiced in slow mode
- Page turning and navigation just as in the printed vocal score
- For tablet and smartphone (Android und iOS)